Made in the USA
Middletown, DE
25 November 2019

79275741R00062